# ALPHONSE RENAUD

## CURIOSITÉS

DE

# L'HISTOIRE DU PROGRÈS

## PARIS

### G. CHARPENTIER, ÉDITEUR

13, RUE DE GRENELLE-SAINT-GERMAIN, 13

1879

# CURIOSITÉS

## DE

# L'HISTOIRE DU PROGRÈS

PAR

## ALPHONSE RENAUD

DOCTEUR EN DROIT

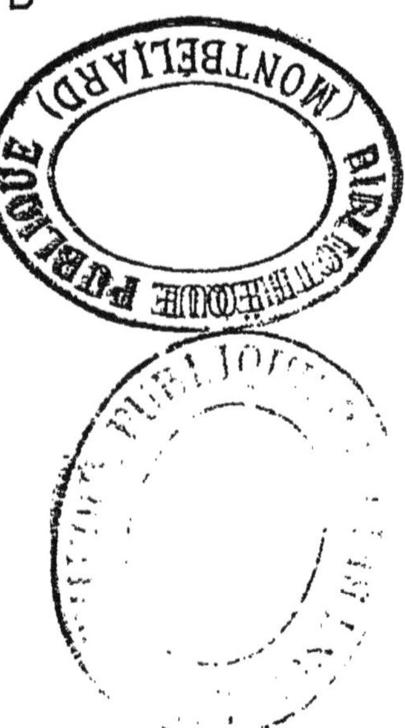

PARIS

G. CHARPENTIER, ÉDITEUR

13, RUE DE GRENELLE-SAINT-GERMAIN, 13

1879

Tous droit réservés.

# PRINCIPALES ABRÉVIATIONS

Diod. — Diodore de Sicile (trad. Hœfer, 1865).
Flor. — Florus (trad. Ragon).
Gell. — Aulu-Gelle (trad. Nisard, 1842).
Gog. — Goguet (De l'origine des lois, des arts et des sciences, 1759).
Hér. — Hérodote (trad. Miot, 1858).
Hés. — Hésiode (trad. Leconte de Lisle, 1869).
Hor. — Horace (trad. H. Rigault).
H. N. — Histoire nouvelle des arts et des sciences.
Just. — Justin (trad. Nisard, 1841).
Od. — Odyssée d'Homère.
Ov. — Ovide (trad. Nisard, 1838).
Pl. — Pline l'ancien (trad. Littré, 1848).
Plut. — Plutarque (Didot, 1857).
Prém. — Prémare (Panthéon littéraire. Les livres sacrés de l'Orient).
Suét. — Suétone (trad. Nisard, 1845).
Tac. — Tacite (trad. Burnouf, 1863).
Val. — Valère-Maxime (trad. Nisard, 1841).

# DES CAUSES

DE

# GRANDEUR ET DE DÉCADENCE

## DES PEUPLES

---

**1.** —Les arts et les sciences, dont nous avons fait ressortir le progrès général dans l'*Histoire nouvelle* (¹), sont les éléments de la civilisation.

Mais il est des causes générales qui influent à divers degrés sur leur développement et qu'il importe dès lors de bien connaître.

Ce sont, d'un côté, le climat, la force et le hasard, — d'un autre côté, le travail, la modération, l'éducation publique, l'organisation financière, la religion, la suppression plus ou moins complète de certains arts ou de certaines sciences, et le développement plus ou moins exagéré de certains arts ou de certaines sciences.

Les trois premières de ces causes générales peuvent être considérées comme accidentelles, les autres sont normales.

Nous allons examiner successivement les unes et les autres. Nous dirons ensuite quelques mots de leur histoire et de leur importance relative (²).

**2.** — Du climat. — C'est dans des proportions inégales,

---

(1) *Histoire nouvelle des arts et des sciences* (Paris, 1878, Bibliothèque-Charpentier).

(2) Nous rappelons que les arts et les sciences ont été divisés, dans l'*Histoire nouvelle*, de la manière suivante : — I. Arts utiles. 1. *Alimentation.* 2. *Chauffage* (Vêtement. Logement. Combustibles). 3. *Mécanique.* 4. *Médecine.* 5. *Éclairage.* — II. Beaux-arts. 1. *Art culinaire.* 2. *Parfumerie.* 3. *Arts décoratifs.* 4. *Musique.* 5. *Divertissements.* — III. Sciences spéculatives. 1. *Sciences naturelles.* 2. *Sciences géographiques.* 3. *Sciences astronomiques.* 4.

soit en quantité, soit en qualité, que les différents pays ont
reçu les substances élémentaires : l'air, le feu, la terre et
l'eau. Pour le feu, *par exemple*, l'écart des températures
extrêmes de l'hiver et de l'été, qui est de 11 degrés seulement à Surinam, est de 70 à Moscou ; et, pour l'eau, le
nombre annuel des jours de pluie est, en moyenne, de 152
en Angleterre, tandis qu'il est de 2 seulement dans la Haute-
Égypte.

Cette inégale distribution des biens de la nature, depuis
longtemps observée ([1]), a joué dans l'histoire un rôle incontestable. Il n'y eut jamais de civilisation dans ces contrées
maudites — équatoriales ou polaires — où l'homme est
accablé par la nature, — tandis que l'histoire atteste avec
quelle ardeur les peuples se sont disputé, dans la grande
zone tempérée d'Asie, d'Europe et d'Amérique, les pays
les plus riches en éléments de bien-être [a].

En analysant l'action du climat sur le développement des
arts et des sciences, on remarque notamment :

Pour les arts utiles, l'influence du voisinage de la mer,
des fleuves et des forêts sur l'alimentation ; du sol, de la
température, de la pluie et de la grêle sur l'agriculture ; —
de la température sur le vêtement et le logement ; de l'abondance des combustibles sur le chauffage ; — des montagnes
sur l'art militaire ; des animaux, des minéraux, des cours
d'eau, des vents et des tremblements de terre sur la mécanique ; — de la température sur la durée de la vie ; de l'air,
des eaux, des brouillards et de la foudre sur la santé (médecine) ;

Pour les arts d'agrément, l'influence de la température
sur l'imagination ; de la fertilité du sol et des aspects de la
nature sur les beaux-arts en général ; — de la chaleur sur

*Sciences historiques.* 5. *Sciences philosophiques.* — IV. SCIENCES
POLITIQUES. 1. *Morale.* 2. *Justice.* 3. *Commerce.* 4. *Charité.* 5. *Unité*
(Langage. Écriture. Insignes. Unités).

Il convient de remarquer en outre que les mots *commerce* et
*charité* ont été employés, dans cette division, comme les mots
*chauffage* et *beaux-arts*, avec un sens très étendu.

(1) Notamment par Hippocrate, Ératosthène, Cicéron, Bodin
(1577), Montesquieu (1748), Herder (1784).

*a.* M. H. Passy.

l'art culinaire, et des longs hivers sur les divertissements ;

Pour les sciences spéculatives, l'influence de la richesse de la nature sur les sciences naturelles[a] ; de la pauvreté du sol sur les émigrations (géographie) ; de la sérénité du ciel sur l'astronomie[b] et des aspects de la nature sur la philosophie[c] ;

Pour les sciences politiques, l'influence de la chaleur sur la décence et la polygamie ; de la nature des lieux sur la piraterie ; de la fertilité du sol sur la guerre (morale) ; — de la configuration du pays, de la situation des fleuves, de la sûreté des mers et du nombre des saisons sur le commerce ; — de l'état de la nature sur le caractère des individus ; de la durée des hivers sur l'esprit de famille ; de la fertilité du sol sur la formation des sociétés (charité) ; — et de la configuration du pays sur les progrès de l'unité[1].

En résumé, le climat produit tantôt des biens, tantôt des maux, — de grands biens et de grands maux dans les pays chauds, et de moindres effets dans les régions tempérées.

**3.** — DE LA FORCE. — On ne saurait méconnaître le rôle important que la force a joué, *à certaines époques*, dans l'histoire.

Elle est exercée tantôt par des peuples entiers sur d'autres peuples, tantôt par des hommes supérieurs sur les peuples qu'ils gouvernent.

Dans le premier cas, ce sont des migrations, qui produisent des ébranlements terribles et interrompent le cours de la civilisation, comme l'invasion des barbares au quatrième siècle, — ou des guerres, qui changent parfois la face du monde. Que fût-il arrivé en effet, et quel serait aujourd'hui l'état du globe, si Xerxès eût vaincu à Salamine (480), si Tyr n'avait pas été prise par Alexandre (332), si Carthage n'avait pas été prise par Scipion (146), si la grande invasion du quatrième siècle s'était dirigée sur l'Inde ou

(1) Indépendamment de toutes les influences *indirectes*, — d'une part, de la proximité de la mer sur la fréquence des pluies, de l'altitude sur la température, etc. — d'autre part, de l'alimentation sur la médecine, de la mécanique sur le commerce, etc. (voir n° 17).

a. H. N. 84, 86. — b. H. N. 96. — c. H. N. 112.

l'Égypte, si l'Amérique avait été découverte par les Chinois, ou si les Incas étaient venus conquérir l'Europe?

« On a vu, dans ces conditions, des populations ployer
« et dépérir sous le joug oppressif de maîtres étrangers,
« et se borner à maudire des lois qu'elles n'avaient pas la
« force de rejeter. » (M. H. Passy).

Dans le second cas, ce sont Cyrus, Alexandre, César, Attila, Charlemagne, Louis XIV, Pierre le Grand, Napoléon Ier, ou même Epaminondas, Pyrrhus, Laurent de Médicis, Luther, Charles XII, qui dominent leurs contemporains, et deviennent, pendant un temps, les artisans de la grandeur ou de la décadence de leur pays.

« Une des causes de la prospérité de Rome, dit Montes-
« quieu, c'est que ses rois furent tous de grands person-
« nages. On ne trouve point ailleurs, dans les histoires,
« une suite non interrompue de tels hommes d'État et de
« tels capitaines. »

Suivant les uns, c'est la main de Dieu qui paraîtrait dans ces coups extraordinaires [a], pour corriger le monde, — de sorte que tous ces grands événements, par suite de l'intervention divine, produiraient toujours des effets salutaires. Suivant d'autres, Dieu, qui a créé le monde et pourrait assurément le modifier, aurait, dans son éternelle prévoyance, réglé les choses avec plus de perfection, et ne nous ferait pas l'honneur d'intervenir aussi souvent dans nos affaires [b]. Nous nous bornons à constater qu'en toute hypothèse, l'homme est soumis, dans ces conjonctures exceptionnelles, à une force invincible.

**4.** — DU HASARD. — Vouloir exclure la fortune des affaires humaines serait une chimérique entreprise : car il faudrait supprimer toutes les rencontres fortuites des hommes entre eux, et, d'autre part, des hommes et des choses. Ce que l'art ne procure pas est souvent donné par la fortune [c]. Ce sont les circonstances qui font les hommes [d].

Les rencontres fortuites des hommes entre eux, d'où naissent tant de relations et de mariages, ont une influence

<hr>

a. Bossuet. — b. H. N. 99. — c. Ésope, 17. — d. Napoléon Ier.

incontestable sur les sciences, notamment sur le commerce
et la charité.

Par les objets extérieurs, le hasard a fait inventer le tan-
nage[a], les portes[b], le feu[c], — l'art de tailler la pierre[d], la
navigation[e], les ponts[f], les aérostats[g], les sièges[h], les
aimants[i], l'imprimerie[j], — de nombreux remèdes[k], — le
cidre, le levain[l], l'art de greffer[m], — la taille des pierres
précieuses[n], le verre[o], les miroirs[p], l'art de lustrer la soie,
le dessin[q], l'ordre corinthien[r], — la gamme[s], — la bous-
sole, — le télescope, les lois du pendule, — et maintes
formes ou combinaisons agréables ou commodes, — sans
compter de nombreuses découvertes scientifiques[t], géographiques[u] et archéologiques[v].

Par les animaux spécialement, le hasard aurait fait inventer le labourage (porc)[x], — le tissage (araignée)[y], le
feu (oiseau)[z], — les maisons (hirondelle, abeille, castor)[a],
la rame (poisson), le gouvernail (milan)[b], la cloche à plon-
geur (araignée aquatique)[c], les ponts suspendus (araignée)[d], les filets (araignée)[e], les charnières (troglodyte), la scie
(poisson)[f], l'hélice (poissons rouges), — plusieurs médicaments (belette, cerf, chèvre, hirondelle)[g], le clystère (ibis)[h];
— la taille des arbres fruitiers (chèvre)[i], le café (chèvre),
— la pourpre (chien)[j], la teinture (oiseaux)[k], les yeux pos-
tiches (singe), — la mélodie (oiseaux)[l], l'élégie (oiseau)[m],
la lyre (tortue)[n], — et peut-être certaines formes de gouvernement (oiseaux voyageurs, castors, fourmis, abeilles).

**5.** — Il convient d'inscrire encore au compte du hasard

---

a. Monteil. — b. H. N. 12. — c. H. N. 13. — d. H. N. 15. —
e. H. N. 20. — f. H. N. 22. — g. H. N. 21. — h. H. N. 31. — i. Pl.
36, 25. — j. H. N. 33. — k. H. N. 37. — l. H. N. 43. — m. H. N.
45. — n. H. N. 57. — o. H. N. 59. — p. H. N. 60. — q. H. N. 64. —
r. H. N. 65. — s. H. N. 69. — t. H. N. 79. — u. H. N. 91. — v. H.
N. 101, 103, 107. — x. Plut. M. p. 814, l. 10. — y. Plut. M. p. 1183,
l. 18. — z. Prém. p. 26.

a. Prém. p. 26. Pl. 7, 57. — b. Pl. 10, 12. — c. Michelet. —
d. Samuel Ware. — e. Sauvages de l'Amérique. — f. Diod. 4, 76.
Ov. M. 8, 244. — g. Pl. 25, 21, 50 et 52. — h. Pl. 8, 41. — i. H.
N. 45. — j. Cassiod. Var. 1, 2. Tatius Clit. 2 p. 87. — k. H. N. 53
Gog. t. 6, p. 343. Martini, 1 p. 42. — l. H. N. 69, 70. — m. H. N. 69.
— n. H N. 70.

les avantages plus ou moins compensateurs que procurent *accidentellement* les événements malheureux. « N'est si « male chose qui n'aide, ne sy bonne qui ne nuyse[a]. »

La misère, qui écrase si souvent, excite certains esprits. Parmi ceux-là, les difficultés sollicitent l'effort qui doit les surmonter ; et, pour dix qui succombent dans la lutte, il en est un qui arrive à ses fins, s'appelant parfois Christophe Colomb, Bernard Palissy ou Thomas Edison.

Les infirmités physiques ont produit des inventions dans le chauffage (vêtements)[b], la mécanique (voitures)[c], la médecine, les beaux-arts ([1]) et les sciences spéculatives ([2]).

Les systèmes faux occasionnent eux-mêmes des recherches utiles[d]. Les alchimistes, astrologues et autres utopistes, qui ont perdu des siècles à chercher la pierre philosophale, le mouvement perpétuel, la quadrature du cercle et le souverain bien, ont trouvé, le plus souvent par hasard, la poudre à canon[e], les médicaments métalliques[f], le minium[g], l'essai à la coupelle[h], le phosphore, l'arsenic, l'acide azotique[i] et quelques bonnes idées. Les hérésies elles-mêmes, qui ont causé tant de maux, n'en ont pas moins soutenu, à certaines époques, les lettres et les sciences[j], et la scolastique, si souvent puérile, n'a pas peu contribué à faire du français la plus claire de toutes les langues[k].

La guerre elle-même, le plus grand de tous les crimes[l], a

(1) Dioclès imagina le portrait de profil pour Antigone qui avait perdu un œil (av. 301); Henri II, qui avait une cicatrice au cou, inventa la collerette bouffante [m]; Louis XIII mit les perruques à la mode, quand il perdit ses cheveux, et toutes les têtes se poudrèrent quand Louis XV grisonna.

(2) Les aveugles ont une aptitude particulière pour la musique et la poésie; les sourds, pour le dessin et les sciences naturelles; les myopes, pour les sciences spéculatives en général, — ce qui explique comment Démocrite [n] et de tristes contemplatifs[o] se sont crevé les yeux pour mieux se détacher du monde dans leurs méditations.

*a.* Proverbe du quinzième siècle. — *b.* H. N. 11. — *c.* Dict. de la conversation, vᵒ char. — *d.* Turgot. — *e.* H. N. 25. — *f.* H. N. 38. — *g.* H. N. 53. — *h.* H. N. 80. — *i.* H. N. 81. — *j.* Hist. littér. des Bénédictins, 1 A. p. 242. Importants conciles. — *k.* De Rémusat. — *l.* H. N. 139, 144. — *m.* H. N. 55. — *n.* Gell. 10, 17. — *o.* Porphyre.

fait du bien *sous certains rapports*. Elle a parfois procuré de nouvelles matières (1), perfectionné la mécanique militaire[a], fourni de grands sujets aux artistes, étendu les connaissances géographiques[b], élargi le cadre des sciences historiques (2), agrandi l'esprit de l'homme par le choc des idées (3), contribué aux progrès de la morale[c], ouvert de nouvelles voies au commerce[d], déterminé des affranchissements[e]; elle a souvent fortifié le patriotisme[f], et généralement développé le courage et les mâles vertus. Avec Alexandre, César et Charlemagne, elle a civilisé l'Asie, la Gaule et l'Allemagne (4).

**6.** — OBSERVATION SUR LA LIBERTÉ HUMAINE. — Nous arrivons aux causes de grandeur et de décadence qui

(1) Telles que le blé[g], le coton[h], la rhubarbe (v. 1535), le sucre[i], l'échalote, le limonier[j], les tissus de damas, les châles[k], la renoncule, la rose trémière[l], et divers animaux rares[m].

(2) Par exemple, en Grèce (guerres médiques : Hérodote), en Italie (prise de Constantinople par les Turcs : Renaissance), dans l'Inde (conquête anglaise : sanscrit), en Égypte (expédition française : égyptologues).

(3) Notamment, lors des croisades, au contact des civilisations si tranchées des Croisés, des Grecs et des Musulmans.

(4) D'autres événements malheureux ont eu aussi de bons côtés. Une rigoureuse détention fit composer à Boèce son traité *De la consolation*; l'emprisonnement de Parmentier en Allemagne nous valut la pomme de terre. Les juifs et protestants chassés de France ont inventé la lettre de change[n] et les billets au porteur[o]. — Les inondations du Nil auraient donné aux Égyptiens l'idée de l'irrigation, des engrais et de l'arpentage. Les incendies des vieilles villes profitent à l'architecture[p]; les procès font progresser la justice; la terreur de l'an mil produisit la Renaissance[q]. — Des incendies et des inondations ont fait découvrir des mines d'or et d'argent[r]; des tempêtes ont conduit Vander-Berg aux Açores (1449) et Cabral au Brésil (1500). — Enfin, si l'on en croit Mandeville, le vice lui-même serait, après tout, « la source d'un grand « nombre d'avantages précieux, de professions, d'arts, de talents, « de vertus même qui sans lui seraient impossibles. »

a. H. N. 25, 26. — b. H. N. 90.— c. H. N. 120, 121, 122. Just. 19, 1. Esprit des lois, 10, 5. — d. H. N. 194 et 200. — e. H. N. 272, 273, 276, 279. — f. H. N. 286. — g. Alexandre : Plut. M. p. 403, 1. 11. — h. H. N. 11. — i. H. N. 48. — j. H. N. 49. — k. H. N. 55. — l. H. N. 66. — m. H. N. 85. — n. H. N. 200. — o. H. N. 211. — p. Tac. A. 15, 43 : Rome, sous Néron. — q. H. N. 65. — r. Diod. 5, 35. Just. 44, 3. Gog. t. 1. p. 301, 302, 303, 308.

dépendent des hommes eux-mêmes : ce sont les plus importantes de beaucoup.

Les hommes sont eux-mêmes les artisans de leurs malheurs et de leur fortune[a]. Quels que soient les événements extérieurs, c'est l'homme qui fait le monde[b].

L'homme est libre : il a la conscience de pouvoir toujours choisir autrement qu'il ne choisit. Il est en même temps perfectible[c]. Par suite de la liberté, le progrès n'est pas fatal ; mais, comme il est dans la nature des choses par suite de la perfectibilité, on peut le considérer comme inévitable *en fait*, pour l'ensemble de l'humanité, et même, dans une certaine mesure, pour les grandes fractions de l'humanité. — Le progrès est ainsi l'œuvre de l'homme et non du destin[d]. Nous avons la faculté de le retarder ou de l'accélérer. — De là, des époques plus ou moins longues de grandeur, d'immobilité ou de décadence, selon le degré d'activité, de nonchalance ou d'égarement des hommes eux-mêmes.

Nous repoussons, en conséquence, de toutes nos forces l'exécrable doctrine du fatalisme, *même dans la voie du progrès*. Nous pensons bien que tout est disposé pour le mieux en ce monde, mais sans prédestination, Dieu ne s'étant pas borné à faire un monde de *machines*.

Le climat, la force et le hasard sont les seules causes de grandeur et de décadence qui soient indépendantes de l'homme. Nous avons fait ressortir avec impartialité leur influence sur le développement des arts et des sciences, mais il importe de ne pas en exagérer l'importance. — L'homme peut se soustraire, au moins partiellement, à l'influence du climat, en changeant de région, et la diversité des climats est destinée peut-être à devenir un bien, par suite de cette faculté de déplacement. Quant à la force, elle n'amène généralement que des résultats éphémères[e] ; et le hasard a, comme l'a dit madame de Staël, une marche très régulière « quand on le calcule dans un certain espace de temps et avec une vaste application[f]. »


*a.* Chou-King, 1, 3, 5, 3, 6, 5. Pythagoriciens (Lysis, Vers dorés, 26 ; Gell. 6, 2). — *b.* Guizot, Civ. Eur. 3. — *c.* H. N. 116. — *d.* M. F. Bouillier. — *e.* Mgr Nardi. — *f.* Voir n° 23.

Pour nous, l'humanité a été partout ce qu'elle s'est faite, et c'est par les moyens suivants qu'elle décide de son sort ([1]).

**7. — DU TRAVAIL. —** Le travail a été considéré comme un châtiment par les théologiens des temps passés ([2]), et comme une honte par la majorité des Grecs et des Romains [a] et par l'ancienne aristocratie française. Il est encore regardé comme un mal par les sauvages, les quiétistes et les fatalistes de tous les pays. Mais son véritable caractère est depuis longtemps connu.

C'est l'élément principal de la prospérité des familles et des peuples. Que chacun, disait Chin-Nong (v. 2920), s'attribue ou la stérilité ou l'abondance, puisque l'un vient de sa paresse et l'autre de ses soins [b]. Hésiode recommandait de ne rien remettre au lendemain [c], en ajoutant que l'industrie est la meilleure des choses pour les mortels, et la paresse la pire (av. 850) [d]. Ésope observait que le travail est un trésor pour les hommes [e]. Solon et Amasis proscrivirent l'oisiveté chez les Athéniens (av. 594) et les Egyptiens (av. 526) [f].

« L'Église a l'incontestable honneur d'avoir ennobli et « sanctifié le travail [g] », d'après l'exemple et les paroles du Christ [h]. Elle a mis la paresse au rang des péchés capitaux. Elle a réduit le nombre des fêtes chômées de 82 à 4 [i]. Montesquieu montra que la richesse elle-même ne peut suppléer

(1) Quelques personnes, qui admettent en principe la liberté humaine, contestent la perfectibilité de certaines races, qui seraient condamnées à la vie sauvage ou à une décadence irrémédiable et à une disparition prochaine. La philosophie repousse cette exception. Les êtres peuvent se transformer physiquement par l'action *prolongée* du sol et de certaines habitudes; les peuples peuvent avoir, *à raison de leurs antécédents*, plus ou moins d'aptitude pour la civilisation ; mais ce que le temps a fait peut être défait par le temps. « L'homme blanc en Europe, noir en « Afrique, jaune en Asie et rouge en Amérique, n'est que le même « homme teint de la couleur du climat. » (Buffon).

(2) D'après ce verset de la Genèse : « Tu gagneras ton pain à la « sueur de ton visage » (3, 19).

*a.* Hér. 2, 167. Code de Justinien, 5, 27, 1, 4, 63, 3, 4, 44, 18. Gog. t. V p. 312. — *b.* Prém. p. 38. — *c.* Tr. 2 p. 71. — *d.* Tr. 2 p. 73. — *e.* Fab. 22. — *f.* Hér. 2, 177. Diod. 1, 77. Val. 2, 6, 4. — *g.* Card. Pecci (Léon XIII), Pastorale de 1877, p. 56. — *h.* Cherchez et vous trouverez (Saint-Math. 7, 7 et 8. Saint-Luc, 11, 9 et 10). — *i.* Dezobry et Bachelet, v° Fêtes.

au travail, parce que les trésors s'épuisent, tandis que la
constance et la vertu ne s'épuisent jamais (1734), doctrine
qu'Adam Smith transporta dans l'économie politique, en la
développant (1776). Le dix-huitième siècle ne se borna pas
à supprimer les lois et coutumes qui entravaient le travail (1774-1791)[a], il encouragea directement l'épargne [1]
et l'industrie (1778-1798) [b] ; et il ne reste guère qu'à trou-
ver le moyen d'utiliser les mortes-saisons.

Le travail, dans ses variétés infinies, assure à la fois le
repos de la société et le bonheur de l'individu [c]. Il produit
la plupart des inventions des arts et des sciences. Il procure
le bien-être matériel (arts utiles et beaux-arts), écarte les
soucis et l'ennui mortel (médecine), éloigne les tentations
(morale), donne de l'habileté [d], et rapporte à la fois des
biens, des honneurs [2] et de la satisfaction.

Il suit de là que le temps a plus de prix que l'argent. « Il
« n'y a rien d'aussi cher que le temps, disait Théophraste,
« et ceux qui le perdent sont les plus condamnables de tous
« les prodigues. » Franklin prétendait que, si *tous* les Français travaillaient seulement trois heures *par jour*, ils ne
sauraient bientôt que faire de leurs richesses. Nous livrons
cette opinion à la critique, en faisant remarquer que le
nombre des heures de veille est de 6,000 environ, dans
chaque année.

**8.** — DE LA MODÉRATION. — Par suite de la rivalité
constante des intérêts individuels, tout changement, même
en bien, rencontre des adversaires et fait des victimes. « Le
« profit de l'un est le dommage de l'autre. » Les nouvelles
machines privent de travail un certain nombre d'ouvriers [3] ;
les nouvelles voies de communication déplacent les intérêts,
en ruinant parfois des régions entières [4] ; la plupart des

(1) Épargner, c'est travailler encore.
(2) D'où son influence sur l'égalité et la charité (H. N. 305, 308).
(3) D'où l'hostilité, par exemple, des bateliers de Münden
contre Papin et des ouvriers de Lyon contre Jacquart (H. N. 238
note).
(4) Ce qui explique l'opposition que les Anglais, par exemple,
firent d'abord au percement de l'isthme de Suez.
  *a.* H. N. 302. — *b.* H. N. 239 et 235. — *c.* Napoléon Ier. — *d.* H.
N. 188.

découvertes scientifiques troublent la position d'un certain
nombre de savants dont elles démontrent l'ignorance [a] ;
l'extension du commerce cause des crises plus ou moins
graves, par les concurrences nouvelles (1), et les progrès de
la charité produisent souvent des modifications encore plus
profondes [b].

Il est bon, cependant, que l'intérêt individuel cède devant
l'intérêt collectif ; et cette règle politique, une fois admise,
est moins injuste qu'elle ne paraît au premier abord, parce
qu'elle frappe et protège tour à tour. Mais ces sacrifices
nécessaires peuvent être accomplis de diverses manières.

Parfois ils sont violemment imposés, avec d'étranges exagérations qui provoquent de terribles résistances ; d'autres
fois, ils sont lentement obtenus par une série de petites
révolutions ou mêmes de concessions volontaires. Le but est
atteint des deux manières ; mais la violence, contrairement
aux apparences, y conduit souvent par une voie plus longue
et plus douloureuse que la modération.

La précipitation porte avec elle les larmes et les erreurs.
Hastivité engendre repentance, comme on disait au seizième
siècle. L'exagération compromet les meilleures causes. Un
extrême conduit à l'autre ; et, par suite des réactions, qui
veut trop, souvent n'a rien et parfois perd ce qu'il avait. Ces
luttes, en tous cas, sont désastreuses, parce qu'elles jettent
la perturbation dans les arts et les sciences, en absorbant l'activité de ceux qui y prennent part, et en mettant
tous les esprits dans l'inquiétude. La tranquillité est même
d'autant plus indispensable que la civilisation est plus avan-
cée. « Chez un peuple qui vit d'agriculture, une révolution
« politique n'est qu'un trouble passager : elle n'empêche ni le
« paysan de labourer, ni les moissons de mûrir. Mais chez un
« peuple industriel... le travail s'arrête, l'ouvrier souffre, le
« le commerçant souffre, et l'État tremble jusque dans ses
« fondements. » (M. Laboulaye).

Le milieu est en tout la route du sage (Od. 15,71). De la
mesure en tout, disait Cléobule (v. 600). — Scipion l'Africain

_______

(1) Telles que celles des États-Unis, de l'Australie et du Japon.
a. M. H. de Ferron. — b. H. N. 259, 270, 306.

combattait toutes ses passions comme des bêtes féroces [a].
Hâte-toi lentement, disait l'empereur Auguste, recommandant
ainsi de marcher doucement pour avancer plus sûrement [b].
Le christianisme apprit à combattre les passions par la charité en même temps que par la raison. — « Assez tost
« si assez bien. » La modération imprime un caractère auguste aux gouvernements comme aux nations (Napoléon Ier).
Le temps arrange, il rejette le fruit vert, détache le fruit
mûr, sasse et crible les hommes, les mœurs et les lois (Cha-
teaubriand). — Aussi ne saurait-on trop prêcher cette pa-
tience « qui calcule, qui réfléchit, qui attend le moment fa-
« vorable », et qui profite en définitive aux petits plus encore qu'aux grands. C'est elle qui a supprimé l'esclavage [c],
la féodalité [d] et les droits d'asile [e]; c'est elle qui a fait le
droit romain [f] et la langue française [g], qui répand dans le
monde le christianisme et l'idée du progrès [h], tandis que le
radicalisme est une cause de décadence, par suite des excès
et des erreurs qu'il produit.

Le progrès doit nous conduire jusqu'à l'infini [i], mais
« Maille à maille se fait le haubergeon [j] ». Rappelons-nous
sans cesse le mot prêté à Pitt : « Si la France marchait cent
« ans dans sa voie, sans révolutions, elle serait assez riche
« pour acheter le monde. »

**9.** — DE L'ÉDUCATION PUBLIQUE. — « J'ai toujours
« pensé, disait Leibnitz, qu'on réformerait le genre humain,
« si l'on réformait l'éducation de la jeunesse. » C'est ce que
Lycurgue, Cyrus et les Druides ont compris, plusieurs siècles
avant Jésus-Christ, et ce que l'Église a prouvé depuis [k]. « Un
« concile ne peut rien faire de plus saint, d'après le concile
« de Bordeaux de 1583, que de s'occuper de la bonne édu-
« cation des enfants. La jeunesse est, en effet, l'espérance et
« l'avenir de la nation ; soigneusement élevée dès ses pre-
« mières années, elle donnera en abondance des fruits d'une
« merveilleuse douceur ; négligée, elle sera stérile ou ne pro-
« duira que des fruits pleins d'amertume. »

<hr>

*a.* Diod. 31. p. 377. — *b.* Gell. 10, 11. — *c.* H. N. 270, 271. —
*d.* H. N. 309, 307. — *e.* H. N. 152. — *f.* H. N. 196, 249. — *g.* H.
N. 322, 324. — *h.* H. N. 112, 113, 115, 116. — *i.* H. N. 2. — *j.* Ra-
belais, 1, 11.— *k.* H. N. 225.

L'éducation, d'ailleurs, ne se termine pas avec les études scolaires ; elle dure toute la vie. Elle se continue d'abord sous les drapeaux, où les hommes prennent des habitudes d'ordre et se dégourdissent généralement l'esprit. Après l'action des instituteurs et des officiers, se produit, dans la vie publique, l'action des souverains, des législateurs [a] et des fonctionnaires de toutes catégories. Le prince, disait le chinois Kao-Yao (av. 2049), est un modèle qui doit servir d'exemple aux autres, et, s'il connaît bien les hommes, il n'emploie que des sages dans les fonctions publiques [b]. Suivant Platon, « un tyran qui veut changer les mœurs de tout « un État, n'a besoin ni de beaucoup d'efforts ni de beau- « coup de temps. Il n'a qu'à frayer lui-même la route par « laquelle il veut que ses sujets marchent [c]. » « Chaque « vice du prince est un malheur public [d]. » L'exemple descend, de couche en couche, et le désordre se répète finalement jusque dans les dernières classes de la société [e]. Quelle licence n'ont pas autorisée les princes assassins, adultères ou voleurs ! Quelle vertu n'imposent pas, au contraire, des chefs honnêtes comme Trajan, Marc-Aurèle, Godefroy de Bouillon, saint Louis, Washington ! *C'est par la tête que pourrit le poisson*, suivant l'énergique proverbe recueilli par M. Le Play, sur les bords de la mer d'Azof.

C'est encore de l'éducation publique que dérive l'action, plus ou moins salutaire, des parents [1], des voisins [2], des écrivains [3] et des voyageurs [4], — et c'est d'elle en définitive que dépend l'apparition des grands hommes et des fortes générations, par cette convergence de soins et d'exemples.

**10.** — DE L'ORGANISATION FINANCIÈRE. — Le sage Sully disait, en parlant de l'administration financière :

---

(1) Parmi lesquels il convient de mettre au premier rang la mère de famille: car c'est la femme qui crée les mœurs (H. N. 266, 305).

(2) Par la conversation et l'exemple.

(3) Notamment les philosophes, les auteurs dramatiques et les journalistes.

(4) Ouvriers, commerçants et touristes.

*a.* H. N. 157 et 351. — *b.* Chou-King, 1, 5, 11, 1, 4, 2. — *c.* Des lois, 4. — *d.* Mably. — *e.* J. de Maistre.

« C'est le point le plus essentiel et le plus intéressant du
« gouvernement. C'est par le moyen des finances que l'on
« fait tout. Sans elles, on ne saurait rien faire. C'est de là
« que dépend le soulagement ou l'accablement des peuples.
« C'est de là que dérivent les bons ou les mauvais succès des
« desseins et des entreprises ; c'est ce qui cause la grandeur
« ou la ruine des empires. »

« C'est, dit M. de Montyon, une grande et noble concep-
« tion que celle de former de la finance un instrument de
« justice, de moralité, de bienfaisance... L'impôt rectifie ou
« pervertit les mœurs, excite au travail ou en détourne,
« électrise ou paralyse l'industrie. »

« Les gouvernements ne se contentent pas de pourvoir à
« la sûreté des individus... Ils travaillent d'une manière
« plus directe au progrès matériel et moral de la société, au
« moyen des dépenses publiques, au moyen de l'impôt. »
(Rossi).

« L'administration des finances exerce une si grande in-
« fluence sur la destinée des nations, qu'elle produit, sui-
« vant la direction qui lui est imprimée, leur opulence ou
« leur misère, leur puissance ou leur faiblesse, leur gran-
« deur ou leur décadence. » (Marquis d'Audiffret).

Cette influence est d'autant plus considérable qu'elle
s'exerce constamment de deux manières : par le choix des impôts, puis par leur emploi ; en d'autres termes, par la recette
et par la dépense. La modification d'une taxe, à plus forte
raison sa création ou sa suppression, peut accélérer ou retarder des progrès, parfois en accélérer quelques-uns, et,
par suite des concurrences, en retarder d'autres. Mêmes
effets pour les subventions et dépenses. De là l'importance
extrême des questions budgétaires et spécialement des tarifs
de douanes et de chemins de fer.

**11.** — En ce qui concerne les dépenses, nous avons indi-
qué approximativement, dans l'*Histoire nouvelle,* quelle
est, en France, leur importance relative pour chaque service[a].

L'étude des recettes est plus compliquée : 1° parce que
les contributions influent *d'une manière moins apparente*

a. H. N. 218.

sur le développement général des arts et des sciences ;
2° parce que, dans bien des cas, le législateur s'est proposé
d'atteindre *la fortune révélée par la matière taxée* plutôt
que cette matière elle-même ; 3° et parce que l'impôt sert,
d'autres fois, à prévenir ou arrêter *le développement exagéré* de certains arts ou de certaines sciences[a].

Constatons, sans approfondir le sujet, qu'on a frappé *à
divers degrés :*

L'alimentation par les dîmes, les *permis de chasse* [1],
l'*impôt foncier*[b], les droits de douane, *d'octroi* et *de halle
ou marché;*

Le chauffage, par des droits sur les *peaux,* les *tissus*[c],
les chapeaux, les gants, les *logements*[d], les *combustibles*[e],
les cheminées et les *allumettes;*

La mécanique, par des *droits de navigation*, des *péages*,
des *redevances de prise d'eau*, des *prestations en nature*,
et par des droits sur les *métaux*[f], les bois de construction,
les *chevaux et voitures*, les *chiens*, les fusils, la *poudre*, la
*dynamite*, la poterie, le *papier* et les horloges ;

La médecine, par des droits sur le *savon* et les *eaux mi-
nérales*, et par des taxes de *balayage* et *d'arrosage;*

L'éclairage, par l'*impôt des portes et fenêtres* et des
droits sur les *bougies*, le gaz et l'*huile à brûler;*

L'art culinaire, par l'*impôt foncier*[g], et par des droits
sur les *vins*, la *bière*, le *cidre* et les *spiritueux*, sur l'*huile*,
le *vinaigre*, le *sel*, le *café*, le *thé*, la chicorée, le *sucre* et le
*tabac;*

La parfumerie, par des droits sur le baume et l'encens ;

Les arts décoratifs, par des droits sur la *soie*, l'*indigo*,
l'ambre, le verre, les pierreries, les *matières d'or et d'argent*, la barbe, les perruques, la poudre, les balcons, les
colonnes et les glaces ;

---

(1) Les impôts qui existent *actuellement en France* sont distin-
gués des autres par des caractères italiques.

*a.* Voir n° 18. — *b.* Labours et prairies. — *c.* Douane. — *d.* Impôt foncier (bâtiments), contribution dite personnelle et mobilière,
impôt des portes et fenêtres, enregistrement des locations. —
*e.* Douane et octroi. — *f.* Droits de douane et redevances des
mines. — *g.* Vignes et jardins.]

La musique, par des droits sur les pianos et le papier de musique ;

Les divertissements, par des droits sur les *cartes à jouer*, les dés, les loteries, les *billards* et les *théâtres ;*

Les sciences spéculatives, par les *droits universitaires ;*

La justice, par les droits de *timbre*, d'*enregistrement*, de *greffe*, d'*hypothèques* et de *chancellerie ;*

Le commerce, par les dîmes, les *patentes*, et des droits sur les *mutations et locations d'immeubles*, les *cessions de fonds de commerce*, les *transports de voyageurs et de marchandises*[a], les *effets de commerce*[b], les journaux, les *assurances maritimes*, les *assurances contre l'incendie*, les *actions et obligations des sociétés*[c], les domestiques, les *poids et mesures*, les boutiques, les *affiches*, les circulaires et les prospectus ;

La charité, par des droits sur les affranchissements, les *donations*, les *successions*, les *lettres*, les *cercles*, les *brevets d'invention* et les *passeports*, et par les droits *de douane et d'octroi.*

Même sans tenir compte des influences *indirectes* qu'exerce chaque impôt, par suite de l'étroite liaison des arts et des sciences, sur les arts et les sciences qu'il n'atteint pas *directement*[d], cette simple nomenclature montre comment la science financière se rattache aux considérations les plus élevées de l'ordre social.

**12.** — DE LA RELIGION ([1]). — « Philosophez tant que « vous voudrez, disait Voltaire ; mais, si vous avez une bour-« gade à gouverner, il faut qu'elle ait une religion, et, si Dieu « n'existait pas, il faudrait l'inventer. » « La croix, disait « de son coté Mirabeau, est aussi nécessaire au peuple fran-« çais que le soleil est nécessaire à la terre. » « Ne nous « lassons pas de le répéter, la religion est le fond de toute

---

(1) La religion n'est ni un art ni une science. Son objet direct et principal est au delà de ce monde ; et, de même que dans l'*Histoire nouvelle*, nous ne l'avons considérée ici que dans ses rapports avec les affaires terrestres, les arts et les sciences.

*a.* Impôt du dixième, licences et timbre des récépissés. — *b.* Timbre. — *c.* Timbre, droits de transmission et taxe sur le revenu. — *d.* Voir nᵒˢ 17 et 18.

« civilisation : c'est la religion qui fait les croyances géné-
« rales et par là les mœurs, et par là encore, jusqu'à un
« certain point, les institutions » (Cousin). « Il n'est pas
« d'instrument plus puissant pour obtenir des hommes en
« société tous les genres de sacrifices que l'intérêt public
« réclame[a]. » La foi agrandit les hommes et leurs œuvres.

On doit reconnaître que la religion peut faire beaucoup
de mal — par des superstitions (anciens Égyptiens), par le
fanatisme (Croisades, conquête de l'Amérique par les Espa-
gnols), par des doctrines fatalistes (Mahométans), ou par
l'immobilité de ses dogmes (Inde et Chine). Mais vit-on
jamais un peuple prospérer sans aucun culte religieux? Les
civilisations grecque et romaine ont-elles survécu à leur
antique religion? Et n'est-ce pas au christianisme que l'Europe et l'Amérique doivent, au moins pour une bonne part,
leur supériorité actuelle sur les autres parties du monde?

**13.** — Le christianisme a non seulement transformé la
société; mais on peut dire qu'il a fait avancer tous les arts
et toutes les sciences, soit par son action directe sur les
masses, soit par les travaux des religieux eux-mêmes. Il a
contribué surtout aux progrès de l'agriculture (défriche-
ments, puits artésiens), de la mécanique (horloges, imprimerie), de la médecine (sourds-muets), des arts décoratifs
(peinture, architecture), de la musique [1], des sciences en
général [2], de la géographie[b], de l'histoire[c], de la philosophie (scolastique), de la morale[d], de la justice[e], du commerce[f], de l'instruction publique[g], des travaux publics
(routes et ponts), de l'assistance publique[h], et surtout de la
charité. Il a, sous ce dernier rapport, fortifié le mariage,
émancipé la femme[i], supprimé l'esclavage et le servage[j], et

(1) « L'art suit en général les progrès et les décadences de la foi. »
(2) Pères de l'Église et Bénédictins. Les Allemands et plusieurs
autres nations n'ont eu connaissance des lettres que par la prédi-
cation de l'Évangile, — et, dans les pays considérés comme éclai-
rés, combien d'hommes et de femmes ont dû toutes leurs lumières
au simple catéchisme?

a. Prévost-Paradol. — b. H. N. 90. — c. H. N. 101, 107. —
d. H. N. 120 à 124, 126, 127, 135 à 137. — e. H. N. 148, 159. —
f. H. N. 194, 209, 212. — g. H. N. 225. — h. H. N. 239. — i. H. N.
259. — j. H. N. 270, 279.

transformé la cité[a]. Est-il admissible qu'après tous ces bienfaits le christianisme reste stérile, comme certains le prétendent ? « Non, l'œuvre du christianisme n'est pas accom- « plie ; elle durera tant qu'il y aura des erreurs à extir- « per, des passions à réprimer, des pleurs à essuyer » (Mgr Nardi) [1].

**14.** — DE LA SUPPRESSION PLUS OU MOINS COMPLÈTE DE CERTAINS ARTS OU DE CERTAINES SCIENCES. — Parmi les arts et les sciences, il en est deux ou trois qu'on ne saurait supprimer sans produire une décadence vertigineuse : ce sont, en première ligne, l'alimentation et la morale. Il est certain que les autres n'ont pas la même importance. Mais en est-il qu'on puisse ou doive proscrire ?

Certaines personnes ont soutenu l'affirmative. Au premier rang se présentent Diogène et Rousseau, qui condamnaient en masse tous les arts et toutes les sciences, comme une source de corruption et d'inégalité.

Parmi les arts utiles, la mécanique fut spécialement condamnée par Platon[b], la navigation par les Perses[c], la construction des maisons par les Arabes Nabatéens[d], l'imprimerie par Bajazet II (1483) et François Ier (1534)[e], l'industrie

(1) « On peut considérer le monde comme soumis à l'attraction « de trois systèmes de civilisation différents : le christianisme, « le brahminisme et le mahométisme... C'est parce que ces trois « religions sont complètes et vraiment originales, que les civilisa- « tions des peuples qui les professent sont vraiment différentes. » Le groupe des nations chrétiennes (en Europe et en Amérique) comprend environ 320 millions d'individus ; le groupe des nations brahminiques (dans l'Asie Orientale) en comprend 300 millions, et celui des nations musulmanes (au centre de l'ancien continent) 120 millions. 400 millions de barbares, destinés à se rallier à l'un des trois groupes, forment le surplus de la population de la terre. « Les faits prouvent que la civilisation chrétienne est la seule qui « soit douée aujourd'hui d'une force expansive et qui fasse des « progrès aux dépens des autres » (Th. Jouffroy). « Il n'est guère « permis de douter que le christianisme ne parvienne à dominer « le monde. Déjà l'Europe et l'Amérique lui appartiennent. L'Asie « est entourée de tous les côtés ; l'Afrique elle-même commence à « s'ouvrir » (M. Barthélemy-Saint-Hilaire).

a. H. N. 283, 291, 308, 314. — b. Plut. V. p. 365. 1. 2. — c. Hyde. — d. Diod. 19, 94. — e. Lettres patentes que le Parlement refusa d'enregistrer.

militaire par des mères de famille et des moralistes de tous les temps. Rousseau ne craignait pas d'accuser le fer, instrument de toute industrie, d'avoir perdu le genre humain.

Les beaux-arts ont été traités plus sévèrement encore. Lycurgue les bannit de Sparte, et Platon de sa République. Des religieux austères les ont condamnés, des Anglais utilitaires les ont méprisés. — L'usage des liqueurs fortes fut absolument interdit aux Egyptiens, aux Carthaginois, aux Locriens[a]. Domitien fit arracher toutes les vignes de la Gaule[b]. Le tabac fut prohibé par Jacques Ier d'Angleterre, Amurat IV et Urbain VIII. Tertullien reproche à la parure la prétention insolente de vouloir « corriger l'œuvre de « Dieu ». Les Turcs ont proscrit la peinture, et Proudon demandait un jour qu'on envoyât les peintres à Cayenne après avoir « ratissé, dégraissé et vendu leurs toiles comme « filasse au chiffonnier. » On bannirait les poètes, mais après les avoir couronnés de fleurs, si l'on en croyait Platon ; on ne toucherait ni cartes ni dés, si l'on observait les vieilles ordonnances de Charlemagne (813), de saint Louis (1254) et de Charles V (1369) ; et on supprimerait de suite la danse et le théâtre, si l'on écoutait les prédicateurs (¹).

La science ne serait pas seulement l'arbre du bien et du mal : elle ne causerait que des maux. Joseph de Maistre aurait dit qu'elle conduit à l'abrutissement. Ce serait, dans tous les cas, une source de chagrins, d'après Salomon[c]. — L'empereur chinois Thsin-Chi-Hoang-Ti fit brûler tous les livres, à l'exception des traités d'agriculture, de médecine et d'architecture (213) (²). Les philosophes furent chassés de Rome par Caton (161)[d] et Domitien (v. 94)[e]. Euric, roi des Wisigoths, s'efforça d'anéantir les lettres (av. 485). D'autres

(1) Le théâtre était interdit, dans l'antiquité, à Sparte et à Marseille.

(2) Nabonassar et les Musulmans ont détruit de même les chroniques officielles des Babyloniens et des Perses ; et, en Amérique, l'évêque Jean de Zummaraga fit un feu de joie de tous les manuscrits aztèques qu'il put réunir.

*a.* H. N. 39. — *b.* Procope, Perses, 1. Philostr. — *c.* Eccl. 1, 18. — *d.* Loi Fannia. — *e.* Gell. 15, 11.

ont blâmé la découverte des métaux[a], l'anatomie[b], la statistique...

Parmi les sciences politiques, on a généralement respecté la morale et la justice (1). Mais le commerce serait la boîte de Pandore. Il ne servirait qu'à rendre plus facile la communication des vices. Lycurgue l'interdit aux Spartiates, et Tertullien condamna spécialement l'instrument des échanges, la monnaie. — Dans le domaine de la charité, la famille et la nationalité ont été déclarées inutiles. L'égoïsme a été mis en honneur par Hobbes et Bentham ; Ginez de Sepulveda et d'autres casuistes ont glorifié l'esclavage ; et les Eustathiens tendaient à la suppression du mariage, en enseignant « que toute personne vivant de la vie conjugale ne pouvait « avoir d'espérance en Dieu ni d'accès au ciel (2). » — Les Lacédémoniens usaient le moins possible du langage[c], et les Druides le moins possible de l'écriture[d]. Julien l'Apostat défendit d'enseigner la grammaire, et des sophistes attristés ont déclamé contre l'unité « parce que la nature a placé « des rivières et des montagnes pour servir de barrières « entre les États. »

Essayons de faire justice de toutes ces excentricités en même temps.

**15.** — Signalons d'abord l'opinion de l'Église, qui aurait, plus que tout autre, le droit d'être sévère pour les arts et les sciences. « Loin de s'opposer à leur culture, elle l'aide « et la fait progresser en plusieurs manières. Elle n'ignore « point, en effet, ni elle ne méprise les avantages que la « vie de l'homme en retire[e]. L'Église n'est pas ennemie « de l'étude de la nature, de la recherche des forces de la « nature et de l'application de ces forces à la production

---

(1) C'est seulement dans l'antiquité que le cynisme, le vol [f] et le mensonge [g] eurent des partisans. De la justice, on se bornait à rejeter le ministère des avocats [h]. De nos jours, il n'y a plus de controverse qu'au sujet de la guerre [i].

(2) Le concile de Gangres les a condamnés, en 364.

a. Hor. Od. 3, 3, 49 et 50. — b. Lois grecques, romaines et chinoises. Décret de Boniface VIII (1300).— c D'où *laconisme*. — d. De même que les Incas. — e. Cardinal Pecci, Pastorale de 1877, p. 76. — f. H. N. 129. — g. Hér. 9, 54. — h. Diod. 1, 76. H. N. 157. Flor. 4, 12, p. 372. Capitulaire de 802. — i. H. N. 139 à 144.

« de ce qui sert aux usages de la vie[a]. Elle ne dédaigne pas
« même les beaux-arts[b]; elle n'interdit que l'*excès* des
« plaisirs. Par la voix de ses plus illustres représentants,
« le Christianisme a, dès le commencement, accordé aux
« biens de la terre l'importance qui leur revient[c]. Dès les
« premiers siècles, les sciences humaines ont été consi-
« dérées comme fort utiles à la religion[d], et c'est un pape
« (Benoît XIV) qui a dit, en 1724 : *Ignorantia, omnium*
« *origo malorum — præsertim in eis qui fabrili operæ*
« *dediti sunt.* L'ignorance est la source de tous les maux,
« surtout parmi les ouvriers[e]. »

**16.** — Il convient, en second lieu, de comparer tous ces
esprits chagrins à celui qui dirait, après avoir considéré le
corps humain : « On peut supprimer le poignet ; le cœur
« est trop gros, le foie trop petit ; les vertèbres sont inu-
« tiles ; les nerfs font double emploi avec les muscles... »
Sans remonter à la fable des membres et de l'estomac, de
Ménénius Agrippa, rappelons à ces insensés le paroles de
Saint Paul : « L'œil ne peut pas dire à la main : Je n'ai
« que faire de toi ; ni aussi la tête aux pieds : Je n'ai que
« faire de vous. Et qui plus est, les membres  du corps qui
« semblent les plus faibles, sont beaucoup plus néces-
« saires... Dieu a fait le corps afin qu'il n'y ait point de
« division en lui, mais que tous les membres aient un soin
« mutuel les uns des autres... et quand l'un des membres
« souffre, tous les membres souffrent avec lui[f]. »
La nature, qui a si sagement disposé les membres de
notre corps pour nous rendre heureux, a, certainement,
arrangé nos facultés avec le même succès. « Les sens ne
« nous ont pas été donnés en vain... Cette admirable orga-
« nisation est un instrument riche et varié qu'il serait in-
« sensé de négliger[g]. » Mais *toutes* nos facultés doivent,
de leur côté, se développer *entièrement*, suivant l'une des
grandes propositions de Kant.

Nous devons nous servir de toutes les facultés et de tous
les sens que Dieu nous a donnés. Nous ne saurions agir

*a.* Card.Pecci, p.63.— *b. Ibid.* p. 59.— *c.* Ch. Périn.—*d.* Hist. lit.
des Bénédictins, 1. A. 236, 237. — *e.* Bulle d'approbation des frères
de l'abbé de la Salle. — *f.* Cor. 1, 12, 21, 22, 25 et 26. — *g.* Cousin.

autrement sans mépriser une partie de l'œuvre divine, supprimer une partie de nos forces, et diminuer en conséquence notre bonheur.

**17**. — Arrivons enfin à une démonstration directe.

« Toutes les sciences sont des sœurs, » comme l'a dit un ancien. « Tous les arts et toutes les sciences se touchent, « se pénètrent, se fécondent mutuellement[a]. » Chaque art, chaque science doit s'appuyer sur les autres, et fournir lui-même aux autres des appuis.

La civilisation est un édifice merveilleux auquel on ne saurait enlever une seule pièce sans produire de nombreux craquements et détruire au moins en partie l'équilibre de l'édifice entier.

Il y a d'abord des arts et des sciences qui influent sur le développement de tous les autres. Ce sont ceux qui rapprochent les hommes et mettent les idées en contact (géographie, commerce, charité, unité), ceux qui augmentent ou économisent le temps (mécanique, médecine, commerce[b], morale[c]), ceux qui développent l'intelligence (divertissements[d], sciences spéculatives[1], histoire[2]).

Ensuite, les progrès de l'alimentation dépendent, à divers points de vue, de la mécanique[e], de la navigation[f], de la médecine, de l'art culinaire, des sciences naturelles, de la chimie, de la géographie, du commerce[g], de la charité[h], et plus indirectement des autres arts et sciences dont ceux-là dépendent eux-mêmes.

Les progrès du chauffage dépendent de l'alimentation [3], de la mécanique[i], de l'éclairage[j], des sciences spéculatives, de la géographie, de la morale[k], du commerce[l], de la charité [4].

(1) « En répandant l'instruction, on peut doubler la production « d'un pays » (M. H. de Ferron).

(2) Importance capitale des sciences historiques pour le gouvernement des peuples. Voir H. N. 109 (note) et 101.

(3) Vêtements d'origine animale ou végétale. Vie nomade ou sédentaire.

(4) Et plus indirectement des autres arts et sciences dont ceux-là dépendent eux-mêmes.

*a*. M. H. Passy. — *b*. Division du travail. — *c*. Paix publique. — *d*. H. N. 74 à 77. — *e*. H. N. 27. — *f*. H. N. 8, 9. — *g*. H. N. 235, 236. — *h*. H. N. 270, 305. — *i*. H. N. 35. — *j*. H. N. 41. — *k*. H. N. 231 à 236. — *l*. H. N. 10.

Les progrès de la mécanique dépendent de l'alimentation, du chauffage, de la médecine, de l'éclairage, des divertissements [a], des sciences naturelles [b], de la géographie, de l'astronomie [c], des mathématiques, de la justice [d], du commerce [e], de la charité (1), de l'unité [f] (2).

Les progrès de la médecine dépendent de l'alimentation [g], de l'agriculture, du chauffage [h], de la mécanique [i], de l'éclairage, des beaux-arts en général, de l'art culinaire [j], de la musique, des divertissements [k], des sciences en général [l], des sciences naturelles [m], de la géographie, de la morale [n], du commerce [o], de la charité [p] (2).

Les progrès de l'éclairage dépendent du chauffage, de la mécanique, des sciences naturelles, de la chimie [q], de la géographie, du commerce [r] (2).

Les progrès de l'art culinaire dépendent de l'alimentation [s], de la mécanique [t], de la parfumerie, des sciences naturelles, de la géographie, du commerce [u] (2).

Les progrès de la parfumerie dépendent de la mécanique, de la médecine, des sciences naturelles [v], de la géographie, du commerce [x] (2).

Les progrès des arts décoratifs dépendent de l'alimentation, du chauffage [y], de la mécanique [z], de la médecine [a], de l'éclairage [b], de l'art culinaire, des sciences naturelles [c], de la géographie, du commerce [d], de la charité [e], de l'unité [f] (2).

Les progrès de la musique et de la poésie dépendent de

(1) C'est l'amitié qui fit inventer les télégraphes aériens (Claude Chappe).

(2) Et plus indirectement des autres arts et sciences dont ceux-là dépendent eux-mêmes.

*a.* H. N. 64. — *b.* H. N. 20, 35, 79, 81. — *c.* H. N. 90. — *d.* H. N. 33. — *e.* H. N. 230, 232, 235. — *f.* H. N. 325, 333, 341, 343. — *g.* H. N. 40. — *h.* H. N. 39, 40. — *i.* H. N. 25, 28, 35 *in fine*, 40. — *j.* H. N. 43. — *k.* H. N. 72, 73. — *l.* H. N. Longévité des lettrés. — *m.* H. N. 38, 86. — *n.* H. N. 119, 128, 139. — *o.* H. N. 230, 231, 235, 239. — *p.* Mariage, aisance et paix. — *q.* H. N. 41, al. 4. — *r.* H. N. 234, 235. — *s.* H. N. 43 al. 2. — *t.* H. N. 47, 49. — *u.* H. N. 235. — *v.* Chimie. — *x.* H. N. 235. — *y.* Vêtement, logement. — *z.* Instruments, serres, reproductions artistiques.

*a.* H. N. 39, 56. — *b.* H. N. 67, 68. — *c.* H. N. 80, 81, 86. — *d.* H. N. 235. — *e.* H. N. 64, 261. — *f.* H. N. 339.

l'alimentation[a], de la mécanique, de l'art culinaire, des arts décoratifs, des sciences naturelles, de la théodicée, du commerce[b], de la charité (1), du langage, de l'écriture[c] (2). .

Les progrès des divertissements dépendent de l'alimentation, de la mécanique[d], de l'art culinaire, des arts décoratifs, de la musique, des sciences naturelles[e], de la géographie, de l'histoire, des mathématiques, de la morale, du commerce[f], de la charité[g], de l'unité[h] (2).

Les progrès des sciences spéculatives en général dépendent de la mécanique[i], des beaux-arts en général, des divertissements[j], de la logique, de la morale, du commerce[k], de la charité, du langage, de l'unité[l] (2).

Les progrès des sciences naturelles dépendent de l'alimentation, du chauffage, de la mécanique, de la médecine, de l'éclairage, des beaux-arts, de la géographie[m], des mathématiques, de la logique, du commerce[n], de l'unité[n] (2).

Les progrès de la géographie dépendent de l'alimentation, du chauffage, de la mécanique[p], de la médecine, de l'éclairage[q], des sciences naturelles[r], de l'histoire, de la morale, de la justice, du commerce[s], de la charité, de l'unité[t] (2).

Les progrès de l'astronomie dépendent de la mécanique[u], de la physique, de la géographie[v], de l'histoire, des mathématiques, du commerce[x], de l'unité[y] (2).

Les progrès des sciences historiques dépendent de la mécanique[z], des divertissements[a], de la géographie[b], de l'astronomie[c], de la philosophie[d], de la morale (3), du

(1) L'amour a produit un grand nombre d'œuvres.

(2) Et plus indirectement des autres arts et sciences dont ceux-là dépendent eux-mêmes.

(3) Innombrables monuments détruits par la guerre (Troie, Carthage, Alexandrie, etc.).

*a.* H. N. 69. — *b.* H. N. 235. — *c.* H. N. 334. — *d.* H. N. 36. — *e.* H. N. 74. — *f.* H. N. 226, 235, 237. — *g.* Usage des étrennes. H. N. 76, 284. — *h.* H. N. 343. — *i.* H. N. 33. — *j.* H. N. 74 à 77. — *k.* H. N. 235. — *l.* H. N. 286, 344, 347, 349, 350. — *m.* H. N. 88. — *n.* H. N. 225, 226. — *o.* H. N. 347, 349. — *p.* H. N. 33, 64, 91, 93. — *q.* H. N. 41. — *r.* H. N. 91. — *s.* H. N. 90, 225, 226. — *t.* H. N. 330, 342, 346. — *u.* H. N. 98 al. 16. — *v.* H. N. 98. — *x.* H. N. 225, 226. — *y.* H. N. 347, 349. — *z.* H. N. 33, 102 al. 5. *a.* H. N. 75, 105. — *b.* H. N. 101, 103, 106 à 108. — *c.* H. N. 107. — *d.* H. N. 102, 105.

droit[a], du commerce[b], de la charité[c], de l'unité [d] (1).

Les progrès de la philosophie dépendent de la mécanique, des sciences naturelles[e], de la géographie, de l'astronomie[f], de l'histoire[g], de la morale, du commerce [h], de la charité, de l'unité [i], (1). Les progrès des mathématiques dépendent surtout de la logique[j], du commerce [k] et de l'écriture [l].

Les progrès de la morale dépendent de l'alimentation [m], du vêtement, de l'art militaire, de l'hygiène, de l'éclairage, des divertissements[n], des sciences en général, de l'histoire, de la philosophie[o], de la justice, du commerce [p], de la charité[q], de l'unité[r] (1).

Les progrès de la justice dépendent de la mécanique[s], des sciences naturelles[t], de l'histoire, de la philosophie, de la morale, du commerce[u], de la charité[v], de l'unité[x] (1).

Les progrès du commerce dépendent des arts utiles en général, de la mécanique[y], des beaux-arts en général, de l'art culinaire[z], des arts décoratifs (2), des sciences naturelles, de la géographie[a], de l'histoire, des mathématiques, de la morale[b], de la justice[c], de la charité[d], de l'unité[e] (1).

Les progrès de la charité dépendent de l'alimentation, du chauffage, de la mécanique[f], de la médecine, des beaux-arts en général[g], de l'art culinaire[h], de la musique[i], des

(1) Et plus indirectement des autres arts et sciences dont ceux-là dépendent eux-mêmes.

(2) « Le goût est le plus adroit de tous les commerces » a dit Colbert.

a. H. N. 108, 167. — b. H. N. 225, 226. — c. Impartialité (H. N. 100 al. 7). — d. H. N. 75, 100, 105 al. 3, 315 à 350. — e. H. N. 112, 113. — f. H. N. 112, 113. — g. H. N. 2, 116. — h. H. N. 225, 226. — i. H. N. 110, 349. — j. H. N. 110. — k. H. N. 111, 172. — l. H. N. 111, 331, 337. — m. H. N. 119, 129. — n. H. N. 76, 77, 120. — o. H. N. 115, 116, 120. — p. H. N. 235. — q. H. N. 142, 287. — r. H. N. 181, 315, 340, 346, 347, 351. — s. H. N. 35, 166, 169 à 173, 181, 185. — t. H. N. 160, 183. — u. H. N. 174, 177, 178, 182, 222. — v. H. N. 159, 177. — x. H. N. 172, 180, 183, 315, 323, 351, 354. — y. H. N. 19 à 23, 33 à 36, 191, 195, 215. — z. H. N. 50 *in fine*.

a. H. N. 95. — b. H. N. 129, 130, 196. — c. H. N. 145, 170. — d. H. N. 196 al. 6, 215 *in fine*, 302, 311. — e. H. N. 191, 195, 215, 240, 315, 340 à 342, 346 à 354. — f. H. N. 23, 33. — g. H. N. 241. — h. H. N. 39 al. 4, 50, 119. — i. H. N. 241.

divertissements [a], de la géographie, de l'histoire, de la philosophie, de la morale [b], de la justice [c], du commerce [d], de l'unité [e] (1).

Les progrès de l'unité dépendent de la mécanique [f], de l'art culinaire [g], des arts décoratifs [h], de la poésie [i], des divertissements [j], des sciences en général [k], de la géographie, de l'astronomie [l], de l'histoire, de la philosophie [m], de la morale, de la justice, du commerce [n], de la charité [o] (1).

C'est ainsi, par exemple, que l'obscur inventeur des clous a contribué à l'invention de toutes les machines dans lesquelles les clous sont ou seront employés, et au progrès de tous les arts et de toutes les sciences sur lesquelles ces machines exercent ou exerceront quelque influence, — ce dont notre inventeur était loin de se douter et ce que nous n'apercevons nous-mêmes que dans de certaines limites.

C'est par suite de cette merveilleuse connexité de tous les progrès qu'on ne saurait, sans de graves inconvénients, négliger aucune branche de l'activité humaine, aucun des éléments de la civilisation.

**18.** — Du développpement plus ou moins exagéré de certains arts ou de certaines sciences. — Mais il serait également dangereux de tomber dans l'excès contraire.

D'abord le développement plus ou moins exagéré de certains arts ou de certaines sciences entraînerait le plus souvent la suppression plus ou moins complète des autres ou de quelques autres. Ensuite, les choses les plus utiles, les plus nécessaires même, comme le pain et le sommeil, peuvent devenir pernicieuses, si l'on en use immodérément. « L'excès en tout est un défaut. »

Le complet déboisement des campagnes, loin de profiter à l'agriculture, produirait un grand abaissement de tempé-

(1) Et plus indirectement des autres arts et sciences dont ceux-là dépendent eux-mêmes.

*a.* H. N. 76, 77, 237. — *b.* H. N. 243. — *c.* H. N. 147. — *d.* H. N. 225, 238, 239, 241, 266, 301. — *e.* H. N. 110 (note 1), 315, 339, 345, 352, 355, 356. — *f.* H. N. 33, 338. — *g.* H. N. 324. — *h.* H. N. 327, 337. — *i.* H. N. 322. — *j.* H. N. 75, 237, 324. — *k.* H. N. 324. — *l.* H. N. 96, 347. — *m.* H. N. 317, 321. — *n.* H. N. 194, 225, 233, 324, 344, 345. — *o.* H. N. 286, 324.

rature, une profonde modification dans le régime des eaux, et, par ces deux causes, une notable diminution dans les récoltes (1).

L'exagération du chauffage nuirait à la santé.

La mécanique *développée outre mesure* épuiserait en même temps le corps et l'esprit ; en outre, elle ferait tort aux beaux-arts par la substitution du travail mécanique au travail de la main, aux sciences par un usage déréglé de l'imprimerie[a], à la morale par une trop grande extension de l'art militaire[b].

Combien de maladies sont causées par des remèdes inutiles, et combien d'inventions seraient proscrites par une hygiène exagérée !

Quant à l'éclairage, on en abuse trop souvent, pour vivre le soir et la nuit, au détriment de la santé.

Dès qu'il cesse d'être modéré, le plaisir que donnent les sens devient fatal aux nations comme aux individus. De là, les ordonnances des rois, les arrêts des parlements, les condamnations des conciles, les anathèmes des prédicateurs, contre la passion du luxe. Le luxe, en effet, entraîne l'imagination aux écarts les plus étranges. Il corrompt les mœurs, enlève l'énergie, développe une excessive vanité, produit les plus tristes névroses, détruit les familles et ruine finalement les empires.

La gourmandise — avec l'ivrognerie, son excès le plus honteux — obscurcit l'intelligence, excite les passions, enfante la misère, et fait mourir peut-être plus de monde que le sabre.

Une trop grande extension des arts décoratifs serait contraire à l'économie et, sous certains rapports, à la morale.

*Au delà de certaines limites*, les fêtes dépravent les mœurs, le roman tend à fausser l'histoire, le jeu devient une sorte de délit[c], les jouets gâtent les enfants en les habituant au luxe.

*A défaut de contrepoids*, les sciences spéculatives inspirent de l'orgueil et portent au mépris des beaux-arts :

(1) Ce serait en même temps la ruine de la chasse.
*a.* H. N. 350. — *b.* H. N. 139 à 141. — *c.* H. N. 135.

elles peuvent même augmenter la puissance des méchants et produire la folie.

Une morale *trop rigoureuse* contrarierait les arts décoratifs, la justice [a], le commerce [b] et la charité [c].

Une justice *trop absolue* offenscrait la morale [d], le commerce [e] et la charité [f].

Le commerce, de son côté, placerait l'intérêt matériel au-dessus de tous les principes, introduisant la vénalité dans les mœurs, dégradant les caractères, créant des rivalités acharnées, allumant la guerre pour de l'opium ou de la cannelle, poussant à l'avarice, absorbant les petits capitaux, ne réclamant qu'une absolue stabilité, et ne produisant en fait de révolutions que de terribles catastrophes financières causées par l'agiotage et les folles spéculations.

L'exagération de la charité serait contraire à l'art militaire, aux sciences spéculatives, à la morale [g], au commerce [h], à la prospérité des familles [i].

**19.** — Ces exemples particuliers sont confirmés par certaines considérations générales.

« Dans les êtres vivants, toutes les parties de l'organisme
« suivent un développement parallèle ; aucune d'elles, par
« exemple, n'appartient encore à la période de la première
« enfance lorsque déjà quelques autres atteignent le déve-
« loppement de la puberté ou de l'âge adulte. »

En ce qui concerne les arts et les sciences, on conçoit que les *individus* s'appliquent particulièrement à certains arts ou à certaines sciences, à raison de la brièveté de la vie, en utilisant leurs aptitudes individuelles, dans une juste mesure [j] ; mais il est indispensable, *pour les peuples*, que ces exagérations se compensent [1]. « Chaque peuple possède
« une certaine somme de vitalité, qu'il peut employer de
« diverses manières, mais qu'il ne peut dépenser dans une

[1] Dans les limites tracées par la constitution géographique et les antécédents (Voir n°ˢ 2 et 6 note).

a. H. N. 125, 148. — b. H. N. 132, 211. — c. II. N. 134, 289, 293, 294. — d. H. N. 156. — e. H. N. 157, 161, 196. — f. H. N. 158. — g. H. N. 239, 303. — h. H. N. 206, 247, 290, 294. — i. H. N. 249, 284, 291. Ami de tous, ami de nul. — j. H. N. 188.

« seule direction sans rompre l'harmonie de son développe-
« ment général (¹). »

Il n'est pas nécessaire que la civilisation suive la même
marche dans tous les pays, que l'acquisition des connaissances ait lieu partout dans le même ordre. Mais, pour le
développement harmonieux et complet de nos facultés physiques et morales, il faudrait qu'en avançant dans une
branches des arts ou des sciences, nous pussions avancer
également dans toutes, tandis que souvent nous perdons
d'un côté ce que nous gagnons de l'autre.

On peut considérer comme monstrueuse toute civilisation
qui repose *inégalement* sur les arts utiles, les beaux-arts,
les sciences spéculatives et les sciences politiques, et dans
laquelle prédominent soit l'élément matériel, soit l'élément
artistique, soit l'élément intellectuel, soit l'élément moral et
politique, soit deux ou trois de ces éléments, au préjudice
des trois autres, des deux autres ou du quatrième. Une telle
civilisation peut briller un instant, mais ne peut durer.

Les deux tableaux suivants, sur lesquels nous appelons
particulièrement l'attention (²), indiquent *approximativement* l'importance relative qui a été accordée à chaque art
et à chaque science chez les peuples principaux, et, en
France, dans chaque siècle.

---

(1) M. Cherbuliez l'a dit, d'une façon trop absolue, de chaque être
humain.

(2) Parce que c'est peut-être la première tentative mathéma-
tique de synthèse historique.

**20.** — TABLEAU indiquant, d'après l'*Histoire nouvelle*, la part que les différents peuples paraissent avoir prise au développement général de la civilisation.

| NOMS des PEUPLES. | Arts utiles. | | | | | Beaux-Arts. | | | | | Sciences spéculatives. | | | | | Sciences politiques. | | | | | TOTAUX. | | | | |
|---|---|---|---|---|---|---|---|---|---|---|---|---|---|---|---|---|---|---|---|---|---|---|---|---|---|
| | Alimentation. | Chauffage. | Mécanique. | Médecine. | Éclairage. | Art culinaire. | Parfumerie. | Arts décoratifs. | Musique. | Divertissements. | Sciences naturelles. | Sciences géographiques. | Sciences astronomiques. | Sciences historiques. | Sciences philosophiques. | Morale. | Justice. | Commerce. | Charité. | Unité. | Arts utiles. | Beaux-Arts. | Sciences spéculatives. | Sciences politiques. | Ensemble. |
| Chinois.... | 17 | 9 | 10 | 4 | 4 | 3 | » | 3 | 14 | 3 | 3 | 1 | 8 | 1 | 3 | 1 | 2 | 3 | 2 | 5 | 44 | 23 | 16 | 13 | 96 |
| Assyriens.. Phéniciens. | 16 | 21 | 10 | 4 | » | 4 | 20 | 8 | 1 | 3 | 3 | 10 | 6 | 1 | 4 | 2 | 3 | 4 | 3 | 4 | 51 | 36 | 24 | 16 | 127 |
| Egyptiens.. | 6 | 4 | 5 | 5 | 4 | 5 | 10 | 6 | 1 | » | 5 | 3 | 4 | 1 | 7 | 2 | 2 | 2 | 2 | 5 | 24 | 22 | 20 | 13 | 79 |
| Hébreux... | 6 | 13 | 6 | 6 | 4 | 10 | 10 | 6 | 9 | 2 | 7 | 3 | 2 | 1 | 10 | 8 | 6 | 5 | 5 | 4 | 35 | 37 | 23 | 28 | 123 |
| Grecs...... | 17 | 21 | 23 | 30 | 10 | 20 | 10 | 25 | 30 | 27 | 18 | 17 | 30 | 6 | 23 | 15 | 14 | 13 | 11 | 20 | 101 | 112 | 94 | 73 | 380 |
| Romains... | 6 | 5 | 4 | 6 | 10 | 19 | 10 | 9 | 3 | 14 | 6 | 4 | 1 | 13 | 8 | 23 | 23 | 19 | 28 | 11 | 31 | 55 | 32 | 104 | 222 |
| Gaulois.... | 8 | 2 | 2 | 1 | » | 2 | » | 1 | 3 | » | » | 1 | 1 | » | 2 | 1 | 2 | 1 | 1 | 1 | 13 | 6 | 4 | 6 | 29 |
| Arabes.... | » | » | 1 | 5 | » | 3 | 10 | 3 | 1 | 3 | 2 | 2 | 1 | 1 | 2 | 1 | 1 | 1 | 1 | 1 | 6 | 20 | 8 | 5 | 39 |
| Italiens.... | 2 | » | 5 | 2 | 4 | 7 | 10 | 9 | 9 | 10 | 4 | 6 | 11 | 18 | 6 | 5 | 5 | 6 | 3 | 6 | 13 | 45 | 45 | 25 | 128 |
| Français... | 3 | 7 | 12 | 14 | 24 | 18 | 10 | 15 | 15 | 17 | 18 | 13 | 12 | 31 | 13 | 23 | 28 | 24 | 30 | 25 | 60 | 75 | 87 | 130 | 352 |
| Anglais.... | 3 | 7 | 8 | 7 | 20 | 1 | 2 | 3 | 1 | 7 | 11 | 11 | 6 | 6 | 7 | 6 | 4 | 7 | 4 | 6 | 45 | 14 | 41 | 27 | 127 |
| Allemands. | 1 | 1 | 6 | 7 | 4 | 1 | 2 | 6 | 11 | 7 | 13 | 4 | 14 | 11 | 10 | 4 | 3 | 5 | 4 | 4 | 19 | 27 | 52 | 20 | 118 |
| Divers..... | 15 | 10 | 8 | 9 | 16 | 7 | 6 | 6 | 2 | 7 | 10 | 25 | 4 | 10 | 5 | 9 | 7 | 10 | 6 | 8 | 58 | 28 | 54 | 40 | 180 |
| Totaux. | 100 | 100 | 100 | 100 | 100 | 100 | 100 | 100 | 100 | 100 | 100 | 100 | 100 | 100 | 100 | 100 | 100 | 100 | 100 | 100 | 500 | 500 | 500 | 500 | 2000 |

21. — TABLEAU indiquant, d'après l'*Histoire nouvelle*, la mesure dans laquelle *chaque siècle* paraît avoir contribué au développement de la civilisation *en France*.

| SIÈCLES. | Arts utiles. | | | | | Beaux-Arts. | | | | | Sciences spéculatives. | | | | | Sciences politiques. | | | | | TOTAUX. | | | | |
|---|---|---|---|---|---|---|---|---|---|---|---|---|---|---|---|---|---|---|---|---|---|---|---|---|---|
| | Alimentation. | Chauffage. | Mécanique. | Médecine. | Éclairage. | Art culinaire. | Parfumerie. | Arts décoratifs. | Musique. | Divertissements. | Sciences naturelles. | Sciences géographiques. | Sciences astronomiques. | Sciences historiques. | Sciences philosophiques. | Morale. | Justice. | Commerce. | Charité. | Unité. | Arts utiles. | Beaux-Arts. | Sciences spéculatives. | Sciences politiques. | Ensemble. |
| 1ers siècles. | 16 | 9 | 2 | 6 | » | » | » | 6 | 6 | 2 | 2 | » | » | » | 8 | 5 | 9 | 9 | 8 | 7 | 33 | 14 | 10 | 38 | 95 |
| 11e siècle.. | » | » | 2 | » | » | 3 | » | 1 | 6 | 2 | » | » | » | » | » | 2 | 2 | 3 | 2 | 2 | 2 | 12 | » | 11 | 25 |
| 12e siècle.. | » | » | 2 | » | » | » | » | 1 | 6 | 5 | » | » | » | » | 7 | 7 | 2 | 3 | 5 | 1 | 2 | 12 | 7 | 18 | 39 |
| 13e siècle.. | » | 9 | 2 | » | » | 9 | » | 6 | 1 | 9 | » | » | » | » | 7 | 7 | 11 | 9 | 11 | 5 | 11 | 25 | 7 | 43 | 86 |
| 14e siècle.. | » | » | 2 | 12 | 20 | 3 | 20 | 2 | 1 | 5 | 2 | » | » | » | 1 | 7 | 10 | 6 | 13 | 2 | 34 | 31 | 3 | 38 | 106 |
| 15e siècle.. | 1 | » | 8 | 6 | » | 19 | 10 | 9 | 1 | 11 | 1 | 11 | 1 | » | 1 | 2 | 7 | 7 | 7 | 5 | 15 | 50 | 14 | 28 | 107 |
| 16e siècle.. | 33 | 1 | 6 | 12 | » | 22 | 10 | 18 | 13 | 18 | 12 | 1 | 8 | 10 | 15 | 17 | 19 | 11 | 11 | 20 | 52 | 81 | 46 | 78 | 257 |
| 17e siècle.. | 1 | 27 | 10 | 2 | » | 25 | 20 | 19 | 20 | 16 | 14 | » | 25 | 12 | 46 | 14 | 15 | 14 | 12 | 16 | 40 | 100 | 97 | 71 | 308 |
| 18e siècle.. | 16 | 27 | 32 | 37 | 40 | 16 | 20 | 22 | 33 | 16 | 37 | 33 | 33 | 24 | 7 | 15 | 12 | 17 | 19 | 12 | 152 | 107 | 134 | 75 | 468 |
| 19e siècle.. | 33 | 27 | 34 | 25 | 40 | 3 | 20 | 16 | 13 | 16 | 32 | 55 | 33 | 54 | 8 | 24 | 13 | 21 | 12 | 30 | 159 | 68 | 182 | 100 | 509 |
| Totaux. | 100 | 100 | 100 | 100 | 100 | 100 | 100 | 100 | 100 | 100 | 100 | 100 | 100 | 100 | 100 | 100 | 100 | 100 | 100 | 100 | 500 | 500 | 500 | 500 | 2000 |

**22.** — DE L'HISTOIRE ET DE L'IMPORTANCE RELATIVE DES CAUSES GÉNÉRALES DE GRANDEUR ET DE DÉCADENCE. — « Il est incontestable que les divers éléments du progrès, « quoique diversement combinés, ont existé à toutes les « époques, sans jamais s'absorber d'une manière com- « plète [a]. » Cela résulte, pour les arts et les sciences, des deux tableaux qui précèdent.

Il serait difficile, quant à présent, d'indiquer *par des tableaux analogues* l'importance relative qu'ont eue, chez les différents peuples et dans chaque siècle, les causes générales de grandeur et de décadence. Mais nous pouvons établir que cette importance relative a varié, d'une manière heureuse.

**23.** — En premier lieu, l'importance des causes fatales — le climat, la force, le hasard — paraît avoir notablement diminué.

Dans les premiers âges, le progrès dépendait uniquement ou presque uniquement de la qualité du sol. Depuis, les sciences, la mécanique, la médecine, ont permis d'atténuer sans cesse les inconvénients du climat, — et, résultat pro- videntiel, « des circonstances, qui précédemment avaient « agi comme obstacles, ont fini par se transformer en élé- « ments, en causes d'activité [b]. »

La force avait autrefois une part considérable dans les événements. L'exécrable doctrine du fatalisme était, sous des formes variées, au fond de toutes les religions. Les grandes migrations étaient fréquentes, les guerres conti- nuelles, le pouvoir des chefs illimité. Le christianisme, la philosophie, la morale, le commerce, la charité ont modifié ce triste état de choses.

Les coups du hasard seront probablement les mêmes pour tous les siècles, mais on peut admettre, d'une part, que l'homme parviendra à les déjouer de mieux en mieux par une prudence savante, et, d'autre part, que leur influence sur les arts et les sciences deviendra de plus en plus faible, sinon d'une manière absolue, du moins par l'importance croissante des causes de grandeur et de décadence qui dé- pendent de l'homme.

*a.* M. Couaraze de Laa. — *b.* M. H. Passy.

**24.** — Ces causes se développent, en effet, de jour en jour, par l'intelligence, l'énergie et l'application des hommes.

On travaille davantage, par suite des progrès de la morale [a], de la justice, du commerce [b], de la charité [c], de la modération.

On agit avec plus de mesure, par suite des progrès de la musique, des divertissements [d], de la morale, du commerce, de la charité, du travail, de la religion (1), « Les passions « tumultueuses, dangereuses, sont même devenues, dans « certains cas, un principe d'action, et, par conséquent, de « progrès. » (Turgot).

L'influence de l'éducation publique augmente en raison directe du développement des institutions publiques [e] et de l'extension des relations individuelles (imprimerie, théâtre, géographie, commerce, charité, unité).

L'importance de l'organisation financière croît en même temps que le chiffre total des impôts [f].

L'art, la philosophie, la morale, la charité, influent sur le développement des sentiments religieux ; les sciences et le commerce lui-même ont souvent frayé le chemin à l'Évangile.

On peut espérer, enfin, que les peuples tendront de plus en plus vers l'équilibre absolu des arts et des sciences. On comprendra de mieux en mieux que toutes les branches de l'activité humaine doivent croître en même temps, selon leur importance relative, et que toutes les causes générales de grandeur doivent concourir simultanément au progrès général. — Les anciens ont dû, pendant longtemps, s'occuper uniquement ou presque uniquement des arts utiles, et n'ont pu cultiver les beaux-arts et les sciences qu'après s'être affranchis de la faim, du froid, des maladies. Depuis l'ère scientifique, « chaque principe réel ou possible a été à son tour évoqué « et proclamé comme principe unique [g]. » On a notamment soutenu que tout dépendait du climat [h], de la force [i], de

_______________

(1) Qui donne aux passions une direction généreuse.
*a.* H. N. 124, 139. — *b.* H. N. 188, 193 al. 4, 201, 213. — *c.* H. N. 270, 302, 309. — *d.* H. N. 76. — *e.* H. N. 217 à 219. — *f.* H. N. 218, 240. — *g.* Th. Jouffroy. — *h.* Herder. — *i.* Hobbes.

de l'agriculture[a], de la mécanique[b], de la science, des institutions, du travail[c], de la modération, de la religion[d]. « Ces « nombreux systèmes ont révélé les différentes faces de la « civilisation[e]. »

Nous espérons qu'on ne jugera plus à l'avenir de l'état des peuples d'après des vues si exclusives, et qu'en substituant les termes propres aux expressions générales actuellement en usage, on pourra raisonner sur les causes de grandeur et de décadence avec plus de précision qu'on ne l'a fait jusqu'à ce jour. Ce serait un progrès.

*a.* Division des peuples en peuples chasseurs, peuples pasteurs, peuples agriculteurs. — *b.* Division de l'histoire en âge de la pierre, âge du bronze, âge du fer, âge de la vapeur. — *c.* M. Aug. Deschamps. — *d.* Loi de nature, loi écrite, loi] évangélique (Bossuet). — *e.* Th. Jouffroy.

FIN.

Paris. — Impr. E. Capiomont et V. Renault, rue des Poitevins, 6.

# HISTOIRE NOUVELLE

DES

# ARTS ET DES SCIENCES

PAR

## ALPHONSE RENAUD

DOCTEUR EN DROIT

Un volume in-18 jésus . . . . . . . . . . . . . . . . . . . 3 fr. 50



Paris. — Impr. E. Capiomont et V. Renault, rue des Poitevins, 6.

www.ingramcontent.com/pod-product-compliance
Ingram Content Group UK Ltd.
Pitfield, Milton Keynes, MK11 3LW, UK
UKHW021018120726
13693UKWH00005B/2064